赢在时间管理

拾字文化　编绘

应急管理出版社
·北京·

图书在版编目（CIP）数据

赢在时间管理 / 拾字文化编绘. -- 北京 : 应急管理出版社，2024.（2025.7 重印） -- ISBN 978-7-5237-0649-7

Ⅰ. C935；G78

中国国家版本馆 CIP 数据核字第 2024GY3124 号

赢在时间管理

编　　绘　拾字文化
责任编辑　郭浩亮
封面设计　王淑聪

出版发行　应急管理出版社（北京市朝阳区芍药居 35 号　100029）
电　　话　010 - 84657898（总编室）　010 - 84657880（读者服务部）
网　　址　www. cciph. com. cn
印　　刷　三河市祥达印刷包装有限公司
经　　销　全国新华书店

开　　本　710mm × 1000mm 1/16　**印张**　6　**字数**　65 千字
版　　次　2024 年 8 月第 1 版　2025 年 7 月第 2 次印刷
社内编号　20240637　　**定价**　39. 80 元

目录
contents

时间观念养成

上学总是迟到，很焦虑

每天早饭都来不及吃，可还是会迟到，同学和老师投来的目光让自己很焦虑。

到校前你是不是也经常这样？

起床后什么都要爸爸妈妈催促才去做。

快迟到了才开始紧张起来。

总以为时间充裕，所以不着急。

东西都留到早上才收拾。

经常迟到，真的受不了！

因为**时间不够**，
来不及吃早饭，
上课时肚子饿，
不能集中精力认真听讲。

同学都笑话我是“**小懒虫**”“**迟到大王**”。

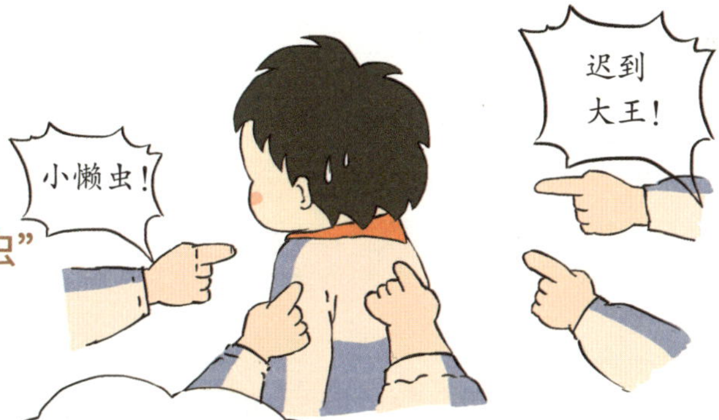

迟到后被老师批评，
对上学产生抗拒心理。

为什么我总是迟到？
明明我都不赖床了。

勇争“第一”，拒绝再迟到

每天晚上睡觉前整理好明天上学要带的东西，不要留到第二天早上才收拾。

起床时间一到就开始穿衣服，不要总想着再睡几分钟。

洗漱要抓紧，争取10分钟之内完成。

吃早饭不挑食，不磨蹭。

上学路上不逗留，不因与其他同学打闹、玩耍而浪费时间。

不迟到，学习更上一层楼

1

“一日之计在于晨”，早起能让自己精力更充沛、心情更舒爽。

2

利用早饭前的时间阅读或背诵，早晨的记忆力更强。

3

提前到学校，不慌不忙，整理好课桌和书本，和同学们一起开启美好的一天。

4

早睡是早起的关键，按时睡觉才能保证睡眠充足。

吃饭慢吞吞怎么办？

吃饭总是不知不觉就花了很长时间。其实，这也会给学习生活带来一些问题。

你想改变吃饭太慢的习惯吗？

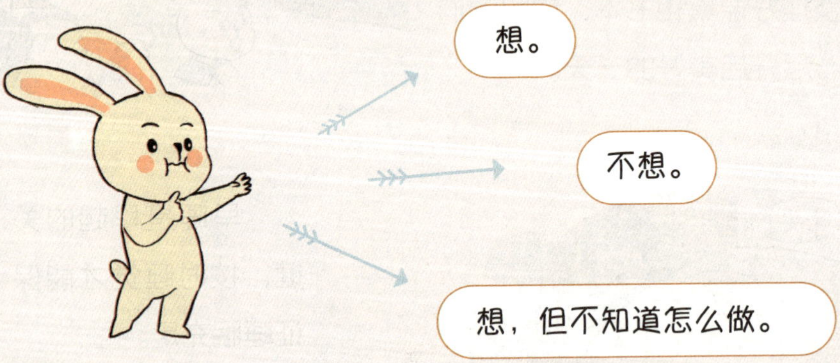

吃饭太慢，究竟是什么原因？

遇到不喜欢吃的饭菜**提不起兴趣**，
吃每一口都很难。

吃饭**不专心**，
被其他事情吸引，
习惯边吃饭边说话。

吃饭时总被催促“快点”，
产生了**叛逆心理**，不想顺从。

吃饭时**总想其他的事**，
饭在嘴里半天咽不下去。

努力改掉吃饭太慢的不良习惯

你知道吃饭太慢有什么坏处吗？

1

吃饭速度太慢，饭菜渐渐变凉，凉了的饭菜不利于消化，会影响身体健康。

2

打乱了自己的作息安排，导致后面的计划无法执行。

3

匆忙到校，使自己来不及准备课本、文具，上课时手忙脚乱。

让吃饭节奏快起来，养成生活好习惯

拒绝挑食

尝试吃自己不喜欢的食物，避免因挑食影响进食速度。

计时提醒

用计时器提醒自己注意吃饭的速度，将用餐时间控制在合理的范围内。

集中注意力

仔细品尝食物，将注意力集中在吃饭上，不要吃一会儿玩一会儿，或者不停地说话。

要睡觉了，作业还没写完

每天的作业不按时完成，到最后需要赶作业。有时候还会乱写，只为完成任务。这样怎么能提高学习成绩呢？

作业写不完，究竟是太多，还是你写得太慢？

写作业不专心，边写边玩。

回家得先玩会儿才写作业，太拖拉，总觉得时间还很多。

要睡觉了才发现作业还有好多不会的，没写完。

写作业需要有人督促，否则就不自觉。

拖拉磨蹭，写作业忌讳这几件事

遇到太难的题就停下来**开始发呆**，
不肯静下心来思考解题办法。

写作业时心里想着其他事，
心思不在学习上。

除了写作业，
做什么都很积极，
总找借口拖延时间。

容易**受外界干扰**，
不能将精力集中在写作业上。

别让拖延成为写不完作业的借口

一、写作业前的充分准备

1. 放学回家后，可以先洗手吃点东西，确保写作业时不会因为饥饿而分散注意力。

2. 写作业前先喝水、上厕所，免得写到一半想喝水或者想上厕所影响做题思路。

3. 给自己规定好完成作业的时间，根据作业量、难度来定闹钟。

4. 学习桌上不要放与学习无关的东西。

二、写作业时这样做

1. 作业题从难到易写起，避免越写越难，导致心情急躁。

2. 要有恒心和意志力，写完手上的作业再去做其他事。

3. 在安静的房间里写作业，免受他人影响。

4. 专心致志，不要被外界干扰，直到写完作业。

按时完成作业的好处

1

作业写完了，怎么玩都没有压力。

2

写完作业后还能有充裕的时间去仔细检查，发现错误。如此高质量的作业怎能不受表扬？

3

认真完成作业，是学习进步的重要前提。

4

睡前不再慌忙赶作业，有助于养成早睡早起的好习惯。

为什么我总是匆匆忙忙？

每天都感觉自己很匆忙，却又不知道自己忙了些什么，甚至很多该做的事都没完成。难道是时间规划不合理？

你在什么时候感觉时间过得很快？

专心做事的时候，总感觉时间不够。

玩的时候，总是觉得时间过得好快，都没玩够。

看电视的时候，感觉时间很快就过去了。

一天的时间里，你都做了些什么？

早上起床，
匆忙洗漱吃早饭，
一眨眼就到了上学时间。

一节课 45 分钟，
看似很慢，
其实只有两集动画片的时间。

中午肚子饿了，
该吃午饭了，
午休时间是不是也过得很快呢？

吃完晚饭，
写完作业，
该睡觉了。
一天就这样结束了，
你究竟做了哪些事呢？

每天匆匆忙忙，你是否也遇到过这些问题？

因为起床晚了，所以吃早饭就必须狼吞虎咽。

没有提前收拾好书包，上课了到处借文具。

放学回家路上总贪玩，到家很晚了，可作业还没写。

中午吃饭太慢，别人都午休了，自己才回教室。

不慌不忙，从现在开启自律生活

时间是公平的，每个人拥有的都一样多。只有正确认识时间，充分利用时间，才能更加自由。

作息时间表

时间	事项
6:00	起床
6:30	晨读
7:00	吃早餐
7:30	出门上学
8:00	到校
8:20	上课
12:00	吃午饭
13:50	上课
17:30	放学
18:00	吃晚饭
18:30	写作业
20:00	阅读
20:30	自由活动
21:00	洗漱
21:20	上床睡觉

为什么熬夜复习还是没考好？

熬夜复习是“临时抱佛脚”的行为。如果平时养成良好的复习习惯，那就不需要考试前再突击复习了。

考前你都在做什么？

抓紧时间复习。

放松自己，保证睡眠。

准备考试需要用的文具。

想要考个好成绩，最后一天熬夜复习？

为了考出好成绩，

考前**一分钟都不能耽误**。

恨不得把一分钟当成十分钟用，

总想**再多刷一道题**。

只要考前努力了，

肯定会考出好成绩。

时间还早，

再多做一会儿题。

结果，考试**成绩并不理想**。

废寝忘食，真的能考出好成绩吗？

一、好好复习，每天抽出半小时时间温习功课。

二、遇到难题要当下解决，还要多多练习。

三、制定学习目标，每天进步一点点。

四、不熬夜学习，早睡早起，保证白天有充足的精力学习。

高效学习，从做好时间规划开始

保证每天都有阅读时间，拓展思维，扩大知识面。

利用碎片时间学习，上下学的等车时间可以用来记单词。

自己觉得较难的科目，可以多留出一些时间复习和强化练习；较简单的科目，可以适度减少学习时间。

疲劳时要注意休息，让大脑得到放松，劳逸结合学习才能更高效。

假期结束前的繁忙

你是不是也一放假就开始疯玩，假期快要结束了才开始着急赶作业？假期时间该怎么规划，你知道吗？

关于放假的错误认知

假期怎么玩才不会把作业都堆到最后几天？

弄清楚放假时间、

假期会有哪些**安排**、

写作业需要多长时间。

做好**假期计划**，

如果要和父母出去玩，

记得带上课本和作业。

作业不要堆在一起做，

定好每天的学习任务，按时完成，

避免假期结束时写不完作业。

可以适当放松，

但不能**没有节制**。

让假期更有意义，你还可以这样做

带着作业去旅行，如果老师布置了日记作业，那么就可以将旅行中的所感所想写成日记。

和同龄人交流学习心得，有好的方法及时记下来。

参观博物馆、科技馆等，增长自己的知识和见闻。

去大学校园参观，为自己的未来定下奋斗目标。

你的假期是怎样安排的呢？

放假后父母让我自己安排，但我总是控制不住想玩。

虽然制订了学习计划，可我总想着明天再做。

以前每次放假我都最后赶作业，现在提前完成，就可以放心玩了。

虽然放假了，但我还是会每天抽出时间，预习下学期的课程内容。

你的假期是怎样安排的呢？请写一写吧！

分清紧急和不紧急的事

你是否有过这样的经历：两件事情摆在眼前时，不知道应该先做哪一件。要想解决这个问题，我们要学会分清事情的轻重缓急，提高自己安排时间的能力。

你能分清事情的轻重缓急吗？

10 天后有一场重要的篮球比赛，要和队友一起训练。

明天要考试了，要复习功课。

妈妈切菜时切到了手，正在出血，需要包扎。

和朋友约好后天一起去图书馆看课外书。

四象限法则让你轻松管理时间

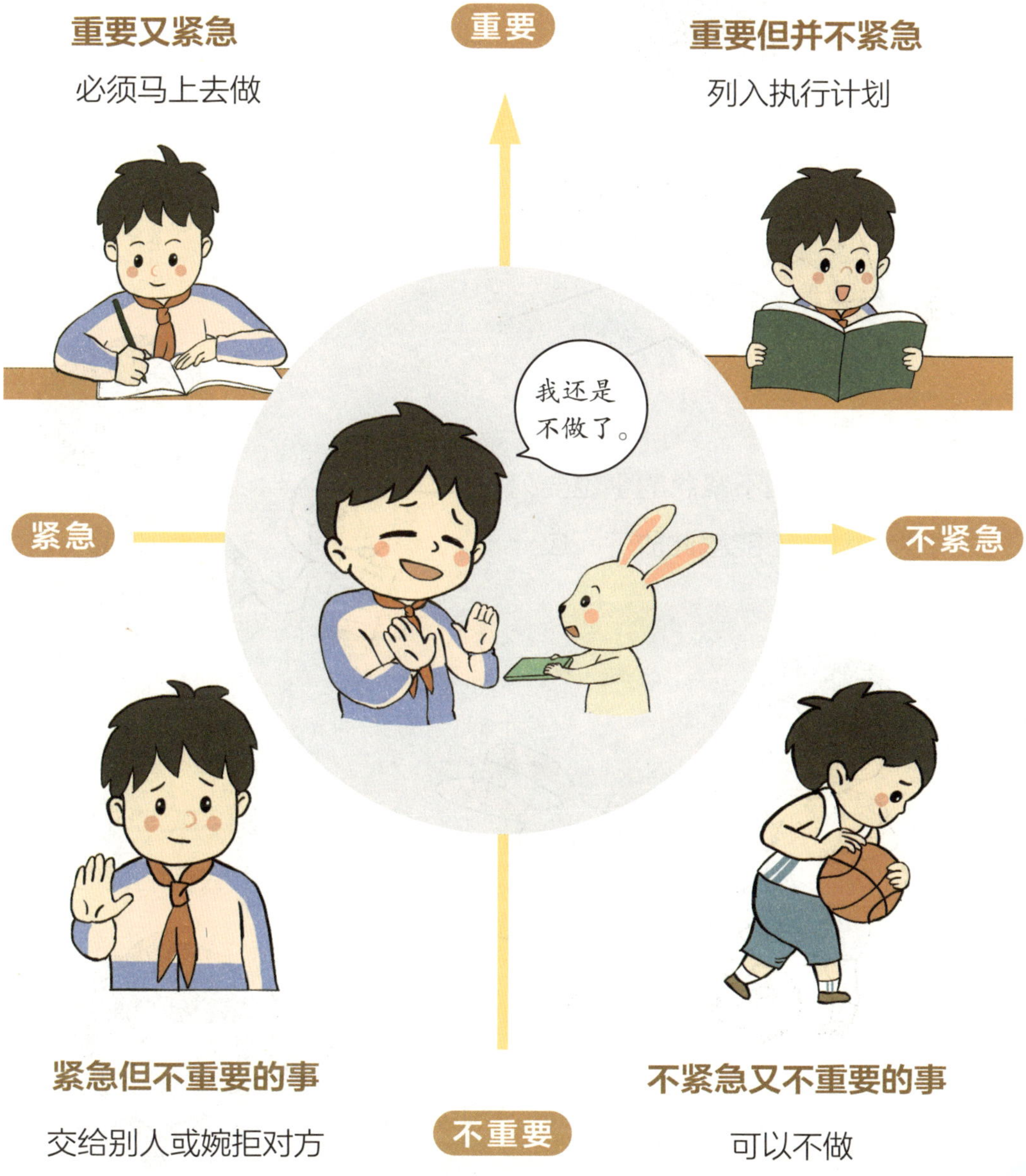

哪些事先做，哪些事后做？

1

重要又紧急的事马上去做，确保自己的状态和效率。

2

重要但不紧急的事也要列入计划，不能就此放下，应一步步完成。

3

紧急但不重要的事可以交给别人或抽时间去做，这样才不会影响其他事。

4

不重要也不紧急的事，可以先放一放，也可以根据实际情况自己取舍。

哪些事情可以

放进四象限法则

学校作业

课外阅读

写日志

做算术题

英文阅读

踢球

绘画

自由活动

语文课文背诵

你最近都要做哪些事呢？请试着用四象限法则分一分吧!

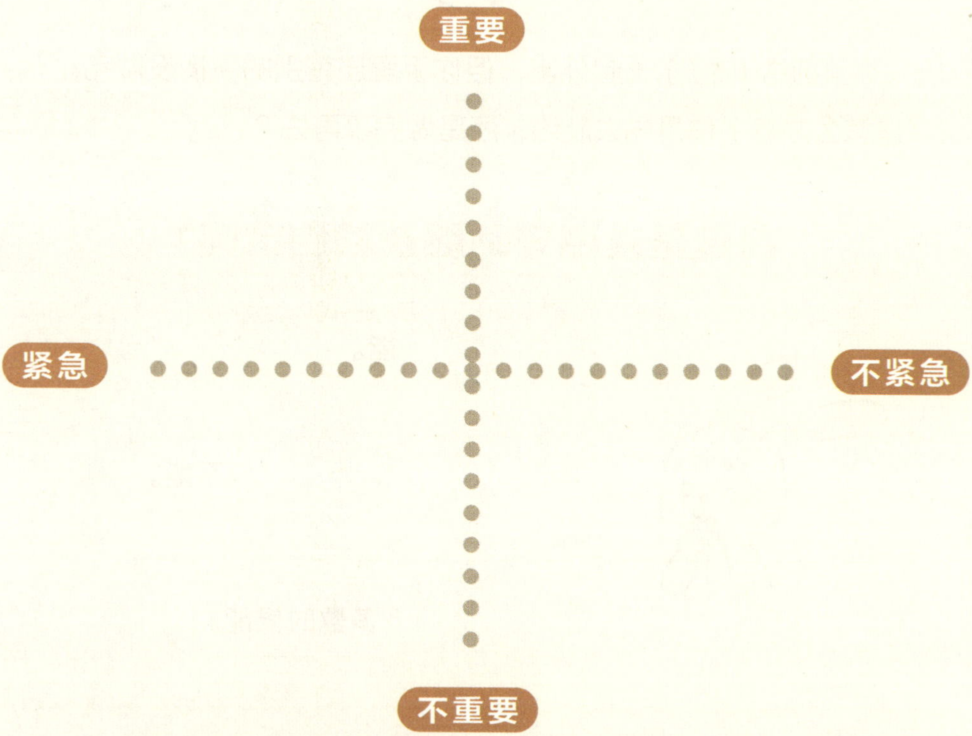

朋友约我，可我还有很多事没做完

和朋友约好了一起外出，但你手里还有别的事情没做完，该怎么办呢？你是先去赴约，还是做完事再去？

你总是能遵守和朋友的约定吗？

能。

不能。

多数时候能。

守时是社交礼仪中重要的一部分

遵守约定，预留时间准备

为了避免迟到，要学会计算好时间。

提前把手里的事情做完，不要快到约定时间了才做。

和朋友约定好具体时间，如果晚到，要提前告诉朋友，避免对方等待。

守时都有哪些好处？

1

守时，可以获得朋友的信任。

2

守时，有助于养成良好的规则意识。

3

我们守时，朋友也会同样遵守约定，按时赴约。

4

守时，做事才能更高效。

你有什么守时的好方法吗？

出门前的一场硬仗

你有“出门综合征”吗？每次出门都需要花很长时间，总担心什么事没做，或有东西没带。到最后，出门变成一场硬仗。

出门前，你会提前收拾准备吗？

- 会。
- 不会。
- 偶尔会。

我们为什么要做出门前的准备？

做好出门前的准备，

才**不会忘记带重要的东西**。

出门前的充分准备

是**保证出行顺利**的

重要前提之一。

养成好习惯，

生活更有条理，

做任何事都不慌张。

出门三部曲，你的节奏对吗？

如果行程比较远，要提前一两天准备；如果只是日常出行，前一天晚上准备即可。

准备出门必需的物品，如：电话手表、零钱、身份证、车票等。

要跟随父母出行或参加学校集体旅游，不可独自行动。在无父母陪同时，出行前要向父母说明情况。

你知道出门前该怎么准备吗？

1

如果有作业，我会提前完成，以免出门后玩得不尽兴，总惦记着作业的事。

2

我会提前准备要带的东西，比如零食、水壶、电话手表等。这样既不会饿着、渴着，还可以随时跟家里通电话，让家人放心。

3

和朋友相约去玩的话，我肯定要先把作业写完，再把妈妈交代的事情做了。

4

有时候出门前没有准备，弄得比较匆忙，回家就会收拾很久。这样不好，我也想改变。

玩一会儿再做，应该没关系吧

不管做什么事，做一会儿就想玩，总觉得玩会儿再做没关系，反正影响不大。实际上，如果不玩的话，事情早就做完了。

你们会选择先玩还是先做呢？

✗ 选择先玩，结果花的时间超出预期。

✓ 选择先做，玩的时候更轻松。

学与玩，究竟该怎么平衡？

该做事的时候认真做事。

实在很想玩可以告诉自己，
等做完该做的事后，
奖励自己多玩 5 分钟。

该玩的时候好好玩。

该做的事情做完了，
可以尽情玩耍，
放松心情。

做完一件事休息一会儿。

劳逸结合，
做事才能更高效。

为什么不能想玩就玩

你清楚自己每天要做哪些事情吗？

吃饭

早饭 30 分钟 + 午饭 30 分钟 + 晚饭 30 分钟

课间休息

每次 10 分钟

上午 3 次 + 下午 1 次 + 中午休息 1 小时

运动时间

课间操 20 分钟 + 眼保健操 10 分钟 + 体育锻炼 45 分钟

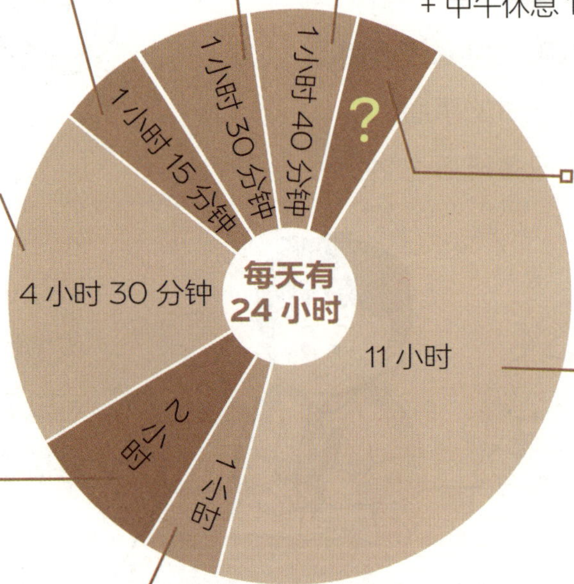

学习

每节课 45 分钟

上午 4 节课共 3 小时 + 下午 2 节课共 1 小时 30 分钟

写作业

语文 30 分钟 + 数学 30 分钟 + 英语 30 分钟 + 课外阅读 30 分钟

上学路上

上学路上 30 分钟 + 回家路上 30 分钟

睡觉、洗漱、洗澡

我们每天需要做的事情有很多，得把时间安排好，不能只顾玩耍。把需要做的事都完成了，玩耍时才能更尽兴。

不是玩一会儿再做，
而是先做再玩

同样玩 5 分钟，先玩和后玩有什么区别？

该怎么选？

一样的时间，根据规划的不同会有不同的结果。先玩，容易一发不可收，超出预计时间；做完要紧的事再玩，心里更踏实。

一天怎么又过完了？

你知道一天究竟有多少时间吗？你知道该怎么去分配这些时间吗？时间总是在不经意间流走，要学会珍惜哟！

你知道一天的时间有多少吗？

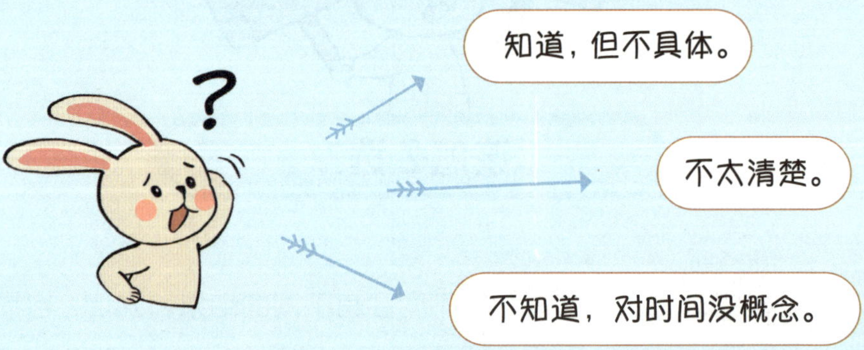

你是否也有过下面的情况？

每天放学回家就做作业，

玩的时间都没有了。

妈妈只准我看 10 分钟电视，

时间过得**实在太快了**。

喜欢的课感觉很快就结束，

不喜欢的课总**觉得很漫长**。

同样的时间，为什么我们感觉长短不一样？

其实，这和我们对某件事的专注度有关系。做自己喜欢的事情，我们就会比较投入，时间在不知不觉间就过去了，我们自然而然会觉得时间过得很快；相反，做不喜欢的事情，就会觉得时间过得很慢。

每个人心里对时间的预期都是不一样的。

例如，和朋友在一起玩会感到很愉快，你会希望时间过得慢一点儿。

这时，心里的预期和实际时间不对等，也就形成了对比。

让每一天都变得更有意义

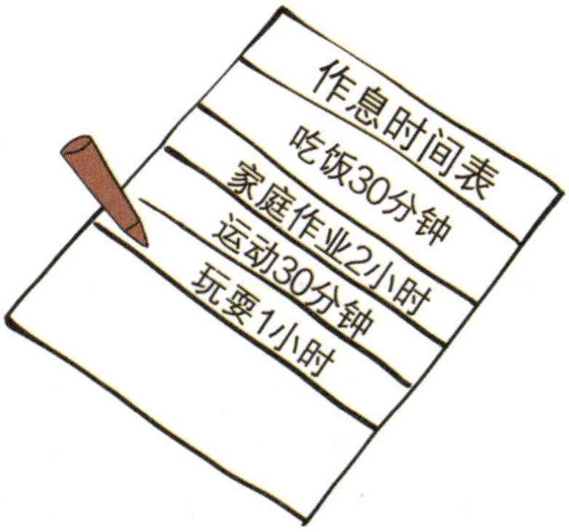

1

想知道时间都去哪儿了吗？记录一下自己每天都做了什么吧。

2

每天复盘自己的时间规划，看有哪些事情超出了你的预计时间，分析一下原因。

3

复盘后及时调整时间规划，减少浪费时间的情况，充实过好每一天。

目标定得太多，一个都完不成

盲目给自己定一堆目标，到最后却一个都没完成，这样做只会给自己增加压力，造成不必要的负担。

你给自己定的目标都完成了吗？

完成了。

没有。

偶尔能完成。

没有计划地定目标要不得！

目标想定就定，没有任何计划，也不管能不能完成。

反正先把目标确定了，完得成完不成再说。

在定目标这件事上，绝对不能输，要比大家都多才行。

只管定一堆目标，不去想该怎么做才能完成。

正确制订目标和计划

1

自己有可以实现目标的理由。

2

给自己设定完成目标的时限。

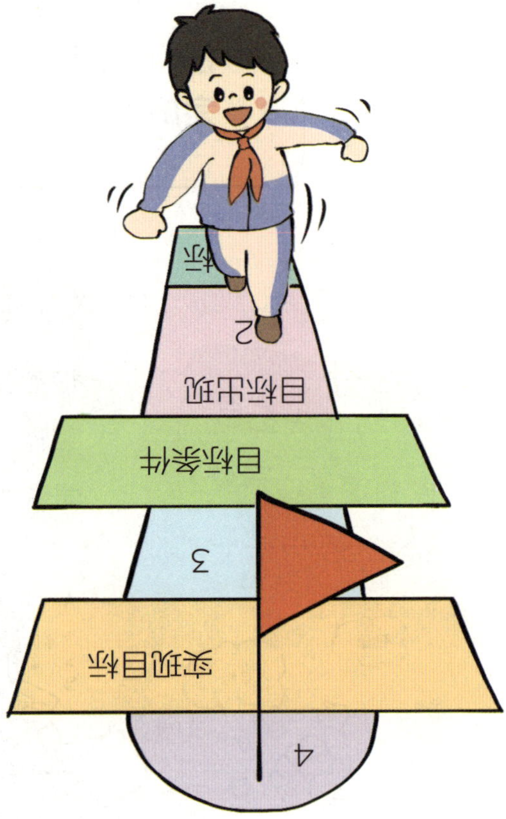

3

清楚实现目标所需要的条件。

4

明确实现目标后自己会有什么收获。

规划好时间，实现目标更容易

1 目标定好后不要急于求成，要循序渐进。当你感到疲倦时，可以适当休息。

2 将目标细化，根据事情的轻重缓急，确定先做什么后做什么。

3 确定目标后，要在规定的时间内完成，提高自己的做事效率。

复盘一天的学习

认真复盘每一天的学习，看看自己有哪些收获、有哪些不足。及时复盘可以帮助我们学得更扎实、更高效。

不常复盘，你可能会出现以下情况

花更多时间做作业，遇到不会的得翻书才能想起来。

考前需要花更多时间复习，否则完全不知道学了什么。

老师提问答不上来，对学习失去信心。

复盘学习，该从哪些方面入手？

整理

当天的重要知识点，
根据课堂笔记进行整理。

积累

写日志，
记录当天发生的事，
积累写作经验。

记录

成功破解一道难题，
把解题思路记下来，
以便下次参考。

每天半小时复盘，今日事今日毕

如果一开始做不到每天复盘，可以拉长时间，比如，一周复盘一次，或半个月、一个月复盘一次。

但是，复盘时间线越长，你花的精力就越多。

最好能做到今日事今日毕，以减少后续时间投入。

需要复盘的内容

今天做了哪些事？

今天的计划完成了吗？

我有哪些进步？

还有哪些是我需要改进的？

看看别人是怎么复盘的

1 我会在每天睡觉前复盘，因为一天结束了，需要知道哪些事情还没有完成。

2 我调整了复盘习惯，每周复盘更适合我的学习节奏，帮助我节省了时间。

3 我会根据计划完成情况复盘，如果没有按时完成，或者还差很多，我就会去复盘原因。

4 复盘是很有必要的，可以及时改正自己的问题，所以不管多晚我都会当天复盘。

不要把时间浪费在假努力上

你有没有发现，有时候自己花了很多时间，努力做一件事，最终却发现结果并没有达到预期。于是，你开始怀疑自己是不是不够努力。

努力后没有进步，你会选择继续努力吗？

会继续努力。

不会努力了，反正也没有效果。

会努力，并且会想一想努力的方向是不是正确的。

你还在“假努力”吗？

漫无目的地读书，
只图快不图质量，
看似读了很多书，
实际上收获不大。

背诵知识点不思考，
喜欢**死记硬背**，
没有理解其背后的逻辑和应用场景。

总是被动地接受知识，
等待老师或家长的安排和指导，
从来不主动去思考、
提问和探索。

努力一定要选对方向

了解自己的学习习惯，明确自己学习最高效的时间段和环境。

可以尝试不同的学习方法，找到最适合自己的。

找到一个方法后，要设定目标、制订计划并坚持执行下去。

向学习好的同学取经，看看有没有可以借鉴的学习方法。

如果有进步，就将有用的学习方法记录下来。

好的学习方法都可以试一试

将所学知识应用于实际生活，加深对知识的理解和记忆。

制订合理的学习计划，包括每天的学习任务、娱乐时间和复习计划等。

事情	所需时间
吃饭	
洗澡	
做作业	
阅读	
运动	
预习复习	

独立完成作业，遇到难题时，要先自己思考，再寻求帮助。

记录下适合自己的学习方法与经验。

____

____

____

自控力超强的人都在做什么？

自控力是指自我控制的能力，较强的自控力可以帮我们抵挡住诱惑，比如玩耍、看电视、玩游戏等，使我们能掌控好自己的学习、生活。

你是自控力强的人吗？

偶尔会控制不住自己。

自控力很强，能够合理安排自己的时间。

不是，所以事后又常常后悔，对自己感到失望。

提升自控力从小事做起

不熬夜，
早睡早起，
按时完成作业。

不沉迷电子产品、手机游戏，
严格控制自己的娱乐时间。

从不拖延，
没做到也不为自己找借口，
知错就改。

为什么我们需要自控力

老师有话说：自控力能让我们有意识地管理自己的情绪和行为，坚持执行计划，完成目标。

我们遇到困难时可能会产生消极情绪。自控力可以帮助我们控制和管理情绪，使我们以更积极、理性的状态应对挑战。

有了自控力，我们就能够抵制即时满足的诱惑，为了长远目标而努力。

如何做个有自控力的人？

拒绝诱惑，改掉坏习惯，可以先从小事做起，比如坚持一周不吃零食。

想拖延时立即去做，不给自己找借口。

别抱怨，不允许自己的坏心情持续 30 分钟以上。做点开心的事，分散注意力。

学霸每天在坚持这几件事

没有人生来就擅长学习，好成绩的背后是日复一日的付出。

这些好习惯，看看你有吗？

每天坚持练字。

每天坚持锻炼身体。

当天的事情当天完成，不拖延。

你是不是经常这样？

练字太难了，
写一会儿就**坚持不下去了**，
更不要说天天练了。

一学习就头疼，
对书本上的知识一点兴趣都没有。

计划着每天运动，
结果到了时间却**根本不想动**。

用 21 天养成学霸习惯

多活动左手，激活右脑的思维能力，让思维更灵活。

勤练字，写一手好字，让作业本和试卷赏心悦目。

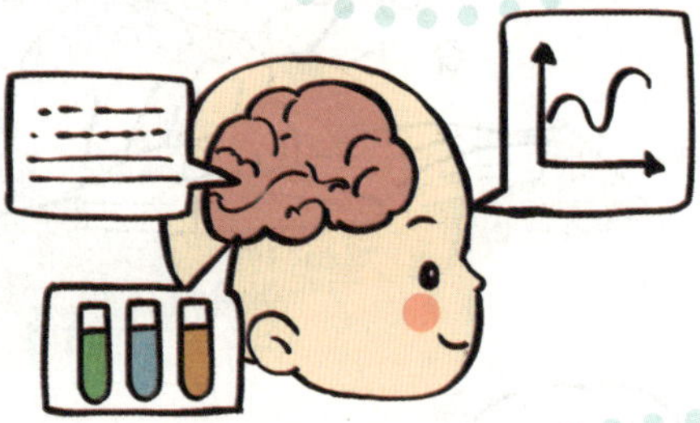

认真学习各科知识，多巩固，多复习，全面发展不偏科。

结合生活进行实践，将所学知识用起来。

学霸习惯

要坚持

1. 坚持进行手指锻炼，让我们的做题思维越来越灵活。

2. 坚持练字不仅能使我们养成良好的书写习惯，还能陶冶情操。

3. 定期整理和复习笔记，让我们在多次重复中加深对知识的理解和记忆。

4. 实践学习增强了我们解决问题的能力，使我们写作业时越来越独立、高效。

拒绝拖延，提高执行力

自己也不想拖延，可一到要开始行动时，总会给自己找各种理由把事情往后拖。

你什么时候易拖延？

遇到不想做的事情时

情绪不好的时候

害怕失败的时候

没有动力的时候

拖延会消耗你的能量

一直拖延，
事情就会越积越多，
压力也会越来越大。
要知道，
事情不会自动消失，
是需要花时间去完成的。

一旦养成拖延的习惯，
就很难改掉。
拖延正在消耗你的能量，
让你很难融入快节奏的学习中。

拖延会让你觉得自己无法按时完成任务，
产生自卑心理。
自信心降低，
也会影响你的社交。

喜欢拖延是一种什么心理？

没有信心做成某事，所以迟迟无法开始。

想逃避又逃避不了，只能靠拖延来推迟。

拖延也是一种自我保护，没有完成就不用面对失败的结果。

逼自己一把，

改掉拖延也没那么难！

1

设置当前任务的完成时间，减少心理排斥感。

2

设立惩罚规则，没有按时完成或找借口不做，要接受惩罚，比如不能看电视、不能吃零食。

3

想一想现在不做的后果，给自己紧迫感。

4

向父母或同学寻求帮助，请他们督促自己完成。

你的解决小方法是什么呢？写一写吧！

充分利用课余时间

我们应该合理安排课余时间，平衡好学习和生活。

课余时间你都会做什么？

整理课堂笔记，复习所学内容。

发展画画、唱歌等兴趣爱好。

阅读课外书。

进行户外运动。

课余时间如何安排

课余时间首先要**完成老师布置的作业。**

有多余时间可以**读读课外书，**
如历史故事、儿童文学等。

做运动，
和同学或朋友一起踢足球、打乒乓球，
锻炼身体。

和家人一起看一场电影，
或是一部动画片。

课间时间如何安排

对于有的同学来说，10 分钟就是喝个水、上一趟厕所的时间。其实，我们还可以用课间时间做很多事。

如何利用好课间 10 分钟？

闭目养神，让大脑短暂休息，消除疲劳感。

回忆上一节课的课堂知识，加深印象。

进行简单的伸展运动，放松身体，促进血液循环。

眺望远方，让眼睛放松，保护视力。

课余时间积少成多，挑战不可能

1 时间也可以积少成多，每天是由很多个 10 分钟组成的。

2 如果一天少浪费 10 分钟时间，一年就能节省 3650 分钟，大约相当于 60 个小时。

3 给自己定个小目标，比如：每天用 10 分钟背一首古诗，用 10 分钟记 5 个单词，用 10 分钟朗读一篇文章等。

利用睡前时间记忆，学习更高效

睡前时间是十分宝贵的。利用好睡前时间学习，可以事半功倍，让我们更好地完成学习任务。

你知道吗？人的记忆力是有限的！

你是不是把每天都安排得满满当当，弄得自己很疲惫？

每天都感觉特别忙，做了很多事，可想不起来具体做了什么。

很努力地学习，连玩的时间都没有，成绩还是没有提升。

别辜负海马体的“用心”

什么是海马体？

海马体位于大脑丘脑和内侧颞叶之间，属于边缘系统的一部分，主要负责短时记忆的存储转换和定向。

知识点进入大脑后需要海马体进行“搬运”，帮你建立记忆点；不要把每天的学习时间安排得太满，要给自己预留休息的时间；不好好睡觉，当天所学的就无法被海马体整合，也就不能被保留在大脑里。

有研究表明，在睡眠中，我们的海马体会将学习过的知识进行加工整理，从而加强记忆。因此，利用好睡前时间记下重要知识，可以让我们的学习更高效。

利用好睡前时间，会有很多收获

我在晚上睡觉前一小时背诵了课文，第二天起来发现记得很牢。

白天课上没弄明白的知识点，我在睡觉前又反复思考，想着想着就睡着了，第二天起床一下子就想明白了。

我报名参加绘画大赛，但不知道画什么。昨天晚上睡前看了看相关的书，睡了一觉起来，顿时就有灵感了。

如何安排睡前时间？

可以复习和背诵课文、古诗、数学公式等，睡觉时大脑会帮你巩固记忆。

睡前的一两个小时，让自己安静下来看书，有助于大脑放松。

睡前不要进行让大脑过于活跃的活动，如玩游戏等。这些活动会干扰睡眠中的记忆巩固，影响第二天的学习。

什么时间学习又快又好？

一天中的黄金时间有限，错过最佳学习时间，其他时间再怎么努力好像效率都不是很高。你也是这样吗？

你知道自己的最佳学习时间吗？

✔ 知道，我知道自己在什么时间段学习效率最高。

✘ 不知道，我完全没考虑过这个问题。

不是所有时间都适合用来学习

早上 6 点前是睡觉时间，
保证高质量睡眠即可。

中午 12 点是吃饭时间，
不要饿着肚子学习。

午饭后可以休息一会儿，
为下午的学习**养精蓄锐**。

晚饭后可以**自由安排**一会儿，
放松心情，
缓解白天的学习压力。

找到自己的黄金时间

我早上大脑特别清醒，背诵课文或单词，能记得特别快，而且不容易分心。

我喜欢在午饭后稍微休息一会儿再学习，小睡后让我感觉精力充沛。

晚上八点钟是我学习最有效率的时候，家里很安静，感觉思路特别清晰。

每个人的情况不同，要找到最适合自己的“黄金时间”。

一步步建立时间感

1

在记忆力最好的时间段学习，可以提高学习效率，但不代表其他时间不用学习。

2

当学习任务繁重时，我们要学会利用碎片时间来记忆所学知识。

3

充足的休息可以保证大脑的正常思维运转，别给自己太大压力，要注意劳逸结合。

三个记忆法，让你学习更轻松

一背诵课文就想睡觉，大脑不听使唤，一个小时过去了，什么也没记住。这究竟是什么原因呢？是记忆力太差了吗？

你是不是也在这样记东西？

- 花大量时间抄写需要记的内容。
- 追求快速记忆，不愿花时间巩固记忆。
- 死记硬背，机械诵读式记忆。

记忆方法

为什么我们总是记不住？

没有找到适合自己的记忆方法，可以尝试使用**自问自答法**、**联想法**、**绘图记忆法**等方法。

没有及时巩固和复习所记内容，只有**重复记忆**才能将短时记忆转化为长时记忆。

死记硬背，不懂变通，同样的题换一下考查方式就不会做了。记忆的前提是理解。

实现逆袭，三个记忆法让你开挂

1 联想记忆法

我们可以通过联想提高记忆效率。比如，当我们学习“eye”这个单词时，可以想象其中的两个“e”是两只眼睛，想象“y”是鼻子。

2 自问自答法

如果背书打瞌睡、走神儿，可以尝试自问自答，让自己保持清醒，让思路跟上节奏。专注力越好，记得越清晰。

3 反复记忆法

我们背诵时，有时背完了后面的内容，前面的内容又忘了。这时，我们不妨在记忆新内容前花一点时间巩固、复习之前记过的内容。通过反复记忆，我们会将知识记得更牢固。

他们的方法
也可以试试看

1

我喜欢活学活用，比如，我喜欢每天回家之后给爸爸妈妈讲一遍当天学到的知识点。这样我既复习了课本知识，又让爸爸妈妈了解了我在学校所学的内容。

2

玩游戏记忆法也不错。我喜欢和同学一起玩字谜游戏，在游戏过程中我记住了很多生字。

3

我喜欢早上起来读课文，因为早上记忆力最好，不容易忘掉。

4

我喜欢和好朋友把要背的课文分角色朗读出来，这样既有趣味，又印象深刻。

你还有其他方法吗？请写一写吧。

别总是给自己找借口

我们遭遇失败时，如果总给自己找理由和借口，而不去寻找解决问题的办法，就只会一直原地踏步。

为什么喜欢给自己找借口？

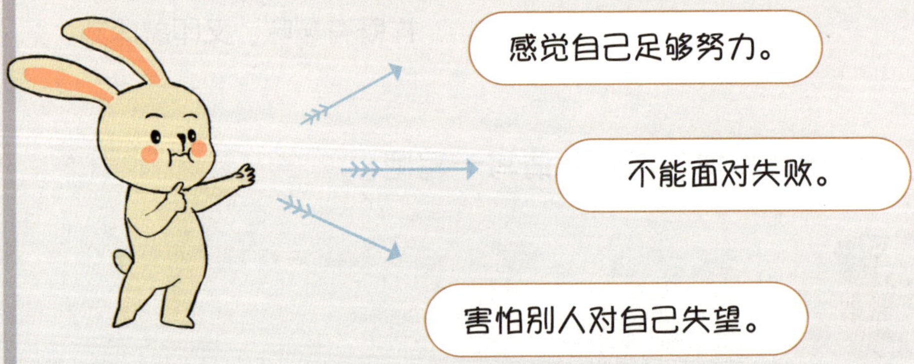

不要给自己找借口

有借口就会**习惯性降低对自己的要求**，
哪怕自己能做好，
心里也会松懈。

总把问题归咎于环境、他人，
我们就无法发现自身的不足，
无法取得进步。

找借口而不积极解决问题，
长此以往会使我们缺乏直面挑战的勇气。

如果你真的有理由，不妨想想解决方法

认真分析失败原因，从自己身上找问题。

如果自己不知道该如何解决，可以向家长、老师寻求建议。

重新规划时间，调整学习方法，不重蹈覆辙。

不再给自己找借口，我有哪些收获？

我更积极地去想办法，感觉自己变自信了。

我赢得了他人的尊重和信任。

我变得更加自律，能按照制订的目标和计划去行动。

我学会了用乐观的心态面对挑战和困难。

你有什么收获呢？请写一写吧。

儿童时间管理能力是如何形成的？

0 ~ 3岁

产生初步概念

儿童此时处于婴幼儿时期，语言组织能力刚刚形成，对时间只有初步概念。

3 ~ 6岁

形成时间观念

儿童此时处于学龄前期，开始形成时间观念，可以引导他们养成良好的作息规律。

7 ~ 12岁

自主管理时间

儿童此时处于学龄期，能够建立起时间观念，可以独立做长期和短期时间规划，具备自主管理时间的能力。

作息规律，管理好时间

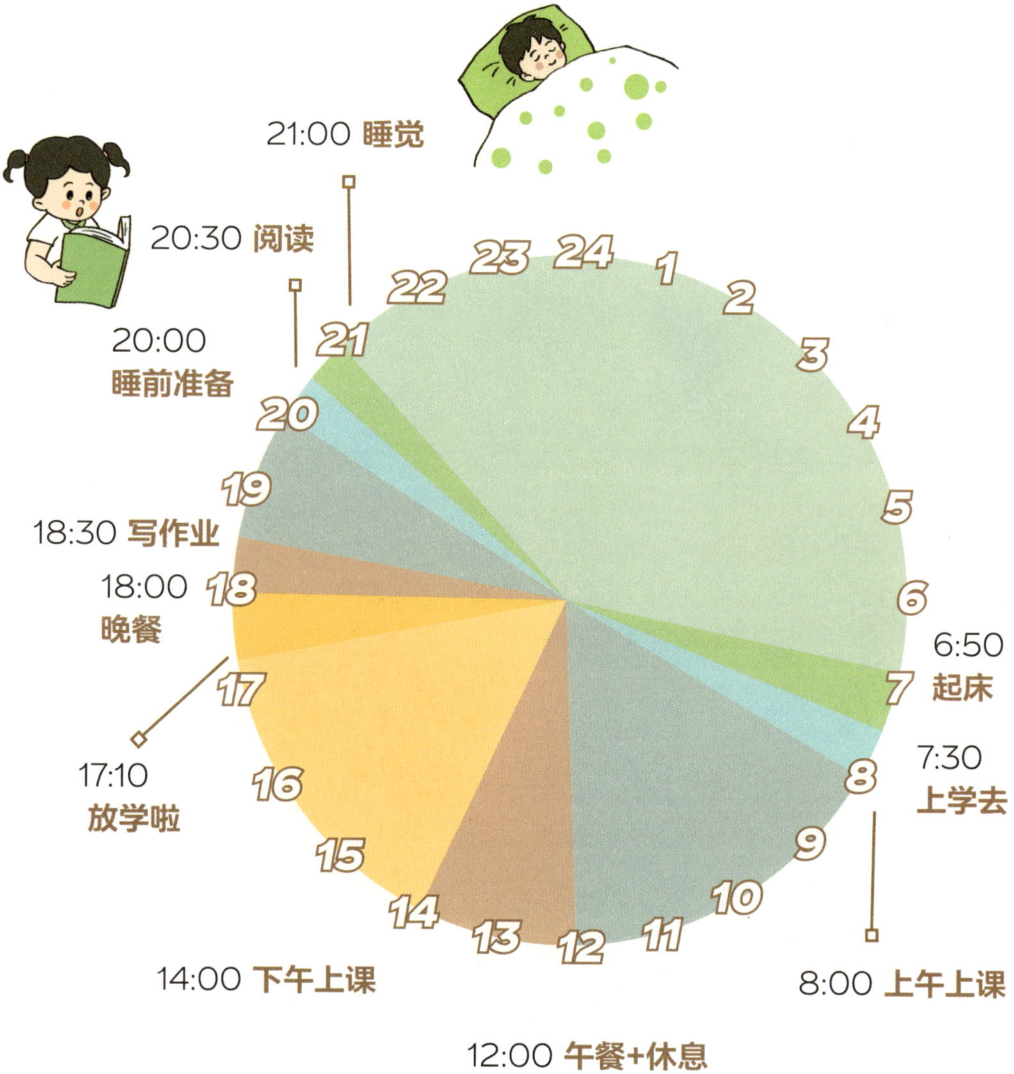

21:00 睡觉
20:30 阅读
20:00
睡前准备
18:30 写作业
18:00
晚餐
17:10
放学啦
14:00 下午上课
12:00 午餐+休息
8:00 上午上课
7:30
上学去
6:50
起床
24
1
2
3
4
5
6
7
8
9
10
11
12
13
14
15
16
17
18
19
20
21
22
23

我的时间日志

小朋友，通过对本书的阅读，你对时间规划是否有了更清晰的认识呢？不妨绘制一张属于自己的作息图，填上自己要做的事情和时间吧。

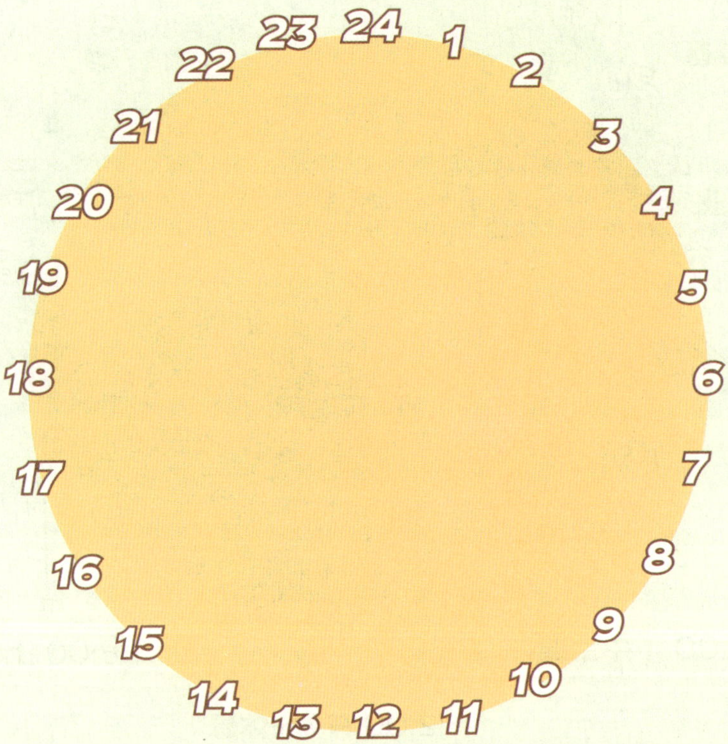